Tout est Un

Ellâm Onru

Discovery Publisher

Titre original : *Ellâm Onru*

1996, 2004, 2007, 2010, 2015 : Éditions Nataraj

Auteur : Anonyme (XIXᵉ siècle)
Traduction du tamoul : Roberto Caputo

616 Corporate Way
Valley Cottage, New York
www.discoverypublisher.com
editors@discoverypublisher.com
Fièrement pas sur Facebook ou Twitter

New York • Paris • Dublin • Tokyo • Hong Kong

Table des matières

Tout est Un

Ellâm Onru

Ouvrages parus dans la collection Nataraj

SAGESSE UNIVERSELLE
* *Dhammapada, la parole du Bouddha*, trad. TK Jayaratne
* *La lumière de l'Inde*, textes d'Alphonse de Lamartine
* *Dieu en Soi - méditations au cœur de l'Inde et du christianisme*, textes présentés par R. Caputo et C. Verdu
* *La philosophie mystique de Simone Weil*, Gaston Kempfner
* *L'imitation de Jésus-Christ*, traduction de Pierre Corneille
* *La mort... sereinement*, Sénèque, *Extraits des lettres à Lucilius*
* *La consolation de la philosophie*, Boèce)

COLLECTION SOPHIA PERENNIS
* *Regards sur les mondes anciens*, Frithjof Schuon)
* *Trésors du bouddhisme*, Frithjof Schuon)

TRÉSORS DE L'INDE SPIRITUELLE
* *Kaivalya Upanishad*, trad. Paul Deussen
* *Je suis Shiva! Hymnes à la non-dualité de Shankarâchârya*
* *Om, la syllabe primordiale*, textes traduits et présentés par Roberto Caputo
* *Tout est Un*, Anonyme du XIXe siècle
* *Annamalai Swâmî : une vie auprès de Râmana Maharshi*, récit recueilli et mis en forme par David Godman
* *Comme une montagne de camphre*, enseignements de Râmana Maharshi et Annamalai Swâmî présentés par David Godman
* *Bhagavad-gîtâ, le chant du bienheureux*, traduction d'Émile Bumouf

Tout est Un

Texte anonyme tamoul du XIXe siècle
Enseignement de l'Advaïta Vedânta

Traduit de l'anglais par Roberto Caputo

« *Cet Un dont l'essence est l'immuable Lumière de toutes les clartés et de toutes les ténèbres, en qui clartés et ténèbres résident, c'est le Souverain même, nature innée de tous les êtres ; la multitude des choses n'est rien d'autre que son énergie souveraine.* »

Abhinavagupta, *Quinze stances sur la Conscience*

Introduction

Ce texte anonyme, écrit en tamoul au dix-neuvième siècle, est un bréviaire de *l'advaïta vedânta.*[1] Le Sage de la sainte montagne *Arunâchala,* au sud de l'Inde, Srî Râmana Maharshi, le citait et le recommandait souvent. Ainsi, dans *Living by the words of Bhagavan*[2] (témoignage d'Annamalai swâmî sur la vie à l'ashram de Srî Râmana), nous trouvons le passage suivant :

« (...) je demandai à Bhagavan de me sélectionner de la lecture ; il me donna une courte liste de six livres : *Kaivalya Navanîtam, Ribhu Gîtâ, Ashtâvakra Gîtâ, Ellâm Onru, Swarûpâ Sâram,* et *Yoga-Vâsishtba.* Il mit un accent particulier sur *Ellâm Onru,* en me disant : "Si vous voulez *moksba* [la Délivrance], écrivez, lisez et pratiquez les instructions contenues dans *Ellâm Onru*" ».[3]

---

1. *Advaïta* signifie « non-dualité » ; *vedânta* désigne la « fin du Véda », « doctrine ultime ». L'advaïta vedânta est la doctrine métaphysique indoue de la non-dualité.

2. Traduction française publiée aux éditions Discovery Publisher, en deux parties : *Annamalai swâmî : une vie auprès de Râmana Maharshi,* récit biographique, et *Comme une montagne de camphre,* recueil d'entretiens de Srî Râmana, puis d'Annamalai swâmî avec leurs visiteurs.

3. *Annamalai swâmî : une vie auprès de Râmana Maharshi,* éd. Disco-

Srî Râmana Maharshi (1879-1950) est reconnu universellement comme la personnification de la Sagesse Éternelle de l'Inde. Pour beaucoup, il est l'équivalent contemporain de Srî Shankarâcharya (VIIIᵉ siècle), le fondateur historique de l'*advaïta vedânta*. Plus exactement, Shankara fut le « restaurateur » d'une doctrine présente depuis toujours dans la tradition indoue, notamment dans les textes du *vedânta*: les *Upanishad* (pour les plus anciens), la *Bhagavad-gîtâ* et les *Brahma-sûtra*. Ces textes ont été méthodiquement commentés par Shankara lui-même, dans la perspective de la métaphysique non dualiste.

Pour Srî Râmana et l'*advaïta,* le Soi (*âtman*) est l'unique Réalité, l'unique Cause en même temps que le Témoin neutre de toutes choses. Le Soi est identique à l'Absolu (*brahman*). L'égo est une surimposition illusoire au Soi. Sa perception du monde est tout aussi illusoire: par la magie de *mâyâ,* le pouvoir d'obnubilation, l'égo et le monde semblent réels. Réaliser le Soi, c'est voir la nature « mâyique » (magique) et illusoire de l'égo et du monde.

La voie de la Connaissance (*jñâna*), est en même temps voie d'Amour (*bhakti*): la Connaissance permet de discerner le Réel de l'irréel. L'Amour nous

very Publisher, p. 131 (Récit recueilli par David Godman).

unit au Réel, nous fait réaliser l'Un.

Ce petit livre s'adresse au lecteur avec des mots simples, loin du rigorisme Shankarien, mais avec une authentique humilité qui force le respect : on est en bonne compagnie. Car comme le dit F. Schuon, l'humilité est la plus grande des vertus, pour la seule raison qu'elle tend vers « la cessation de l'égoïté »...

* * * * *

Le sens de l'Un et du sacré

La diffusion d'un texte comme celui-ci témoigne que les temps ont changé ; le temps du secret initiatique, quand les versets des *Upanishad* n'étaient prononcés que dans l'intimité du rapport de *Guru* à disciple, ce temps a cédé la place : l'heure est au dévoilement, à la *révélation*. En grec, « révélation » se dit *apocalupsis,* en français « apocalypse »... Ce mot n'a pris le sens de « catastrophe finale » qu'au XXᵉ siècle, mais son symbolisme biblique, notamment celui de la « Bête », grand principe d'illusion et de blasphème, est troublant. Pour les indous aussi, l'« ère des révélations » marque la fin du cycle. Selon la tradition, nous vivons au cœur du *Kali yuga,*[1] temps de « dilution », temps où se perd le sens du sacré, dont F. Schuon disait qu'il est, avec le sens du céleste, « la mesure de la valeur humaine[2] ».

En ces temps troublés, une telle « divulgation » n'est donc pas sans risques[3] ; les doctrines de l'Uni-

1. Le *Kali yuga* : l'âge de fer, l'âge sombre, l'âge des conflits. D'après la cosmologie indienne, c'est l'âge que nous vivons, le dernier du cycle, avant le nouvel âge d'or.

2. *Le jeu des masques*, éd. L'Âge d'Homme, p. 119-

3. Rappelons l'injonction du Christ : « Ne donnez point les choses saintes aux chiens, et ne jetez point vos perles devant les pourceaux, de peur qu'ils ne les foulent à leurs pieds et que, se tournant, ils ne vous déchirent. » (*Matthieu*, VII, 6)

té comme l'*advaïta vedânta* peuvent parfois être mal comprises, par excès de simplification. Adeptes d'une voie directe, dépouillée, énonçant sans ambigüité les ultimes vérités métaphysiques, les «advaïtins» n'en demeurent pas moins soumis à une hiérarchie et à des règles strictes, indispensables pour la réalisation de l'Un. Les défauts d'humilité et de maturité spirituelle conduisent parfois l'égo à se prendre pour le Soi, au lieu de s'effacer : certains adeptes ont tôt fait de se croire «élus», surs de l'imminence de leur «réalisation», persuadés qu'il suffit d'avoir entendu parler de la Vérité, d'avoir «compris» son énonciation pour qu'elle soit réalisée... Ces temps de confusion sont propices pour la floraison de l'orgueil spirituel et des «gourous» de pacotille... Pierre Feuga écrit justement :

> « On n'est pas non dualiste parce qu'on écrit pédantesquement l'équation *âtman* = *brahman* ou parce qu'on a lu Shankarâchârya, Tchouang-tseu, Ibn Arabi et Maitre Eckhart. La doctrine la plus ésotérique et la plus simple du monde, cachée intimement au cœur de toutes les traditions, ne se laisse pas apprivoiser par des mots et des thèses universitaires. Tous les gens au fond sont dua-

Et la *Bhagavad-Gîtâ* : « Ne répète mes paroles ni à l'homme sans continence, ni à l'homme sans religion, ni à qui ne veut pas entendre, ni à qui me renie. » (XVIII, 67, trad. E. Burnouf, éd. Nataraj)

listes, dont quelques-uns ont entendu parler de la non-dualité ou en écrivent. Mais qui la vit? Qui, dans l'intensité du désir ou de l'amour, sait assez bien se quitter pour être l'autre? Qui distingue si peu le mien du tien qu'il ne sait même pas qu'il donne quand il donne, qu'il reçoit quand il reçoit? Et qui, voyant la Mort, saura s'y reconnaitre?»[1]

Autre écueil possible: il n'est pas rare d'entendre parler de «spiritualité athée», notamment à propos du Bouddhisme ou de l'*advaïta vedânta,* ce qui est un non-sens, une vaine tentative de couper ces traditions spirituelles millénaires de toute transcendance. Car l'«athéisme» dont il est question ne se contente pas de nier la réalité d'un Dieu personnel, il refuse aussi d'admettre celle d'un Principe transcendant. Cela revient à nier toute spiritualité: dans ce contexte, la profondeur de l'être ne peut dépasser la dimension psychologique. Dans une société aussi appliquée à tout aplatir, à tout désacraliser, «Tout est Un» devient «Tout est pareil», et ce n'est pas l'unité qui est recherchée, mais l'uniformité...

---

1. Pierre Feuga: *Cent-douze méditations tantriques — Le Vijñâna-Bhairava,* p. 152, éd. L'Originel.

L'Humanisme et la Psychologie modernes ont-ils eu raison, en Occident, des aspirations métaphysiques ?[1] Ce qui semble certain c'est que la religion du Progrès a supplanté le culte des Ancêtres et du Sacré traditionnel. Depuis toujours, tous les peuples, toutes les civilisations humaines n'ont eu que respect et adoration pour les anciens, pour la sagesse transmise de génération en génération, pour l'«Âge d'or» du passé. Une telle attitude exprime de la reconnaissance pour «Là d'où l'on vient», ainsi qu'une conscience lucide de ce que les Écritures définissent comme la «Chute», dans la Bible ou le «*Kali yuga*», chez les indous : dans les deux cas, l'écoulement du temps est synonyme d'éloignement du Principe, donc de perte spirituelle, et le renforcement matérialiste n'en est que le corolaire, annoncé, lui aussi, par les Écritures...

La civilisation de l'Occident moderne croit voir dans cette solidification, dans ce progrès matérialiste (et donc ce déclin spirituel) comme une bonne nouvelle : pour la première fois, le passé n'est plus à glorifier, mais à... dépasser, à oublier. Loin de vénérer les Anciens pour ce qu'ils ont transmis, on les plaint, eux et leur temps, pour avoir si peu connu le Pro-

---

1. Ainsi que nous en avisait René Guénon : «La révolution industrielle du XIXe siècle a fermé l'homme à ce qui est au-dessus de lui ; la psychologie du XXe l'a ouvert à ce qui est en dessous.»

grès. Chaque nouvelle génération ne doit songer qu'à « améliorer » l'héritage reçu[1]. La Vérité de nos anciens sages, fondée sur l'Un primordial, est remplacée par la quête insatiable pour la satisfaction des désirs et du confort. La recherche du Soi est remplacée par l'adoration de l'égo, la Volonté divine par les caprices du « moi je ». L'Unité et l'intériorité sont abandonnées pour la multiplicité et l'extériorité.

Tout est donc mis à plat, au ras du plancher : l'idéal est qu'il n'y ait plus rien de « supérieur » : parler de « plus qu'humain » c'est revenir au passé, c'est remettre en cause les « avantages acquis » par les révolutions et les conquêtes scientifiques. Les théories plus que répandues du « chaos originel », des « hasards de l'évolution »[2], etc., pour expliquer l'existence, constituent la justification idéologique du matérialisme. Elles aboutissent à un rejet radical de l'idée d'une Intelligence

---

1. « Le monde contemporain est comme un homme qui aurait honte d'avoir eu des parents et qui voudrait se créer lui-même. » F. Schuon, *Regards sur les mondes anciens*.

2. La théorie du « Big bang », ainsi que les diverses théories évolutionnistes ne sont encore et toujours que des théories, des hypothèses fragiles, incessamment remises en cause par les scientifiques eux-mêmes. Cela n'empêche pas qu'elles sont enseignées, à l'école, à l'université et… dans les *médias*, comme s'il s'agissait de faits prouvés et avérés. On assiste à un véritable fidéisme, non plus pour un mythe ou un enseignement ancestral, mais pour son inverse : le « mythe » du progrès matérialiste.

transcendante au monde. Le matérialisme ambiant tolère et trouve même «sympathiques» des doctrines qui mettent l'accent sur l'étroite relation, voire l'identité entre le «moi» et le But suprême, pourvu que celui-ci ne prétende pas se situer au-delà de l'humain ou du... physique (<u>*meta*</u>-physique). Plotin, dès le IIIe siècle, nous prévenait déjà :

> «Quiconque pense que les êtres sont gouvernés par le hasard ou par un pouvoir spontané et qu'ils sont dominés par des causes corporelles, est repoussé bien loin de l'idée de Dieu et de la notion de l'Un.»[1]

L'approche matérialiste de doctrines comme le Bouddhisme ou l'*advaïta vedânta* aboutit dans une parodie de spiritualité, sorte de courant néospirituel, le «réalisationnisme», qui n'est qu'un produit de consommation de plus sur le marché : le degré de réalisation suprême y est banalisé, voire confondu avec un simple état psychologique transitoire : balayés les rites, la dévotion et les instructions spirituelles! Emportée, aussi, dans ce même coup de balai, toute vraie possibilité de contempler la Réalité ultime.

La réalisation de l'Un exige, en dernier ressort, le sa-

---

1. *Ennéades*, VI, 9: «*Du Bien ou de l'Un*». Trad. Emile Bréhier, Les Belles Lettres, Paris, p. 177.

crifice absolu : on doit rompre ses liens et toute com-
promission avec le monde :

> « Telle est la vie des dieux et des hommes divins et
> bienheureux : s'affranchir des choses d'ici-bas, s'y
> déplaire, fuir seul vers Lui seul. »[1]

L'exemple des plus grands Maitres de la spiritualité
non dualiste est là pour tempérer les excès de fougue
iconoclaste, tant les « réalisés » ont gardé tout au long
de leur existence de « libérés vivants » *(jîvan-muk-
ta),* une attitude humble et intensément dévotion-
nelle : les hymnes de Shankarâchârya ou de Râmana
Maharshi sont exemplaires de la manière dont, même
au *summum* de la réalisation spirituelle, la dévotion, la
vertu et le sens du sacrifice prédominent.

✶ ✶ ✶ ✶ ✶

---

1. Plotin, *Op, cit.*, p. 188.

Voir Dieu partout

Les écueils présentés ci-dessus ne doivent pas faire oublier l'essentiel : les obstacles, les errances, l'oubli même de l'Un font partie du Jeu (*lîlâ*) de *mâyâ* : pour celui qui sait que «Tout est Un», Dieu est partout, ainsi que F. Schuon nous le rappelle :

> «Voir Dieu partout, c'est se voir Soi-même (âtma) en toute chose. (...) Voir Dieu partout, c'est (...) voir que nous ne sommes pas, que Lui seul est.»[1]

La connaissance de l'Unité Divine, voilà le Bien suprême :

> «Celui qui sait que son Soi comprend tous les êtres, lui, le témoin de l'Unité, quelle illusion pourrait encore le tromper ? Quelle souffrance pourrait encore l'atteindre ?»[2]

De nombreux maîtres, dans des voies *à priori* éloignées de l'Indouisme, ont célébré l'Unité divine, à l'image de Plotin, déjà cité auparavant et du Christ, dans l'évangile de *Jean*, X, 30 : «Le Père et moi sommes Un».

Maitre Eckhart, le plus «védantin» des sages chrétiens, ne cesse de le rappeler : «Dieu est le même Un

---

1. *Sentiers de Gnose*, éd. La Place Royale, pp. 134-136.

que je suis. »[1]

Et : « Dieu n'est ni ceci ni cela, comme ces choses multiples : Dieu est Un ! »[2]

Maitre Eckhart, toujours : « Bien des personnes simples s'imaginent qu'elles doivent considérer Dieu comme étant là-bas et elles ici. Il n'en est pas ainsi. Dieu et moi nous sommes Un. »[3]

Le Taoïsme n'est pas en reste, avec Lao Tseu : « Le Saint Homme embrasse l'Un : il est exemplaire pour le monde. »[4]

Le Soufisme, avec Balyânî : « Le tout est Un, et l'Un est tout. »[5]

Pour avoir proclamé trop haut et trop fort la vérité métaphysique de l'Unité, certains sages et saints de différentes traditions ont été bannis, parfois même torturés, exécutés par les autorités de leur propre religion. Maitre Eckhart en est un exemple parmi les chrétiens, qui échappa de peu au bucher. Et Al-Hal-

---

1. *Îshâ Upanishad*, VII.

2. *Le livre de la consolation*, trad. Paul Petit, p. 223, éd. Gallimard.

3. Sermon « Les justes vivent éternellement », trad. A. Ancelet-Hustache, Seuil, 1974, p. 86.

4. Sermon « Le Royaume de Dieu est proche », trad. Paul Petit, p. 93, éd. Gallimard.

5. *Tao Te King*, XXII, trad. Ch'u Ta Kao, Londres, 1937.

lâj fut peut-être le plus célèbre martyr musulman de l'amour divin, flagellé puis mis à mort pour avoir dit : « Je suis la Vérité ; mon 'je' c'est Dieu ». Chez les indous, celui qui se prend pour Dieu est au pire un fou, au mieux un sage : pas de persécution pour « blasphème » à craindre...

Malgré l'estime que lui portait Srî Râmana, *Ellâm Onru* est longtemps resté dans l'oubli. C'est par la grâce d'Annamalai swâmî, son proche disciple, que cette traduction française a pu voir le jour, à partir d'une version anglaise, elle aussi anonyme.[1]

Puissent les imperfections de la traduction présente, qui s'ajoutent à l'infériorité « d'office » de toute traduction par rapport à son original, ne pas faire oublier que ce texte est un véritable joyau. Puisse le lecteur bénéficier de l'« intention pure » de l'auteur anonyme d'*Ellâm Onru,* et ainsi se rapprocher un peu plus de la conscience de l'Un...

« Demeurer dans son propre être, où le "je" ou égo est mort, cela est l'état parfait (où tout est Un). »[2]

R.C.

---

1. *Épitre sur l'Unicité absolue,* Les Deux Océans, p. 64-

2. Râmana Maharshi, *Ulladu Narpadu,* II (« La Connaissance de l'Être »), *Œuvres Réunies,* p. 117, éd. Traditionnelles, Paris.

Préface de l'auteur

Comme tous les êtres vivants, les humains cherchent à atteindre le bonheur et à échapper à la souffrance. C'est vrai pour la plupart, mais il existe des hommes d'une tout autre stature, capables de demeurer constants dans l'attitude juste et de s'accommoder patiemment du bien comme du mal qui leur arrive. La compagnie de tels êtres est autrement profitable que celle des gens ordinaires. Le bien ne peut advenir au monde que grâce à ces hommes de dimension supérieure.

La question se pose alors : qu'est-ce que le vrai Bien ? Malgré l'importance de cette question, aucune réponse claire n'a pu être trouvée, car la définition du « bien » varie en fonction des circonstances. Une œuvre de recherche sur le sujet, aussi complète soit-elle, oubliera d'envisager telle ou telle circonstance déterminante. Par conséquent, il devient nécessaire pour tous de réaliser l'état qui rend apte à évaluer les situations et à déterminer avec justesse ce qu'est le vrai Bien.

Cet état est unique. Aucun autre ne lui ressemble. Bien qu'étant unique, il est étonnant que pour le «sens commun» il soit jugé «excessivement rare» [et peu recherché]. Quoi de plus extraordinaire?... Cet état unique est très clairement décrit dans les Upanishads. Dans ce livre, j'expose la même vérité, selon ma compréhension. Je ne prétends pas à une quelconque originalité. Je n'ai fait que mon devoir.

Les différents chapitres de ce livre sont étroitement liés et interdépendants, au point que tel aspect attendu ici sera traité là... Certains aspects ne paraissant pas clairs après une lecture superficielle s'éclaireront parfois avec une étude plus approfondie. Pour plus de clarté encore, le lecteur se référera aux Écritures et Sages Éternels...

Mère Universelle,

Maitre Véritable,

Venez à notre secours!

I

UNITÉ

1 – Tout ce qui existe, incluant le monde que tu vois, ainsi que toi-même, témoin du monde, tout est Un.

2 – Tout ce que tu considères comme étant moi, toi, lui, elle, et ceci ou cela, tout est Un.

3 – Les êtres sensibles, ainsi que tout ce qui est considéré comme étant inerte et insensible, la terre, l'air, le feu et l'eau, tout cela est Un.

4 – Le bienêtre qui résulte de la conscience que «Tout est Un» ne peut être obtenu par une conscience fragmentaire, séparant les choses et les êtres : tout est Un.

5 – La connaissance de l'unité de toutes choses est bonne, autant pour toi que pour les autres : tout est Un.

6 – Celui qui considère « je suis séparé », « tu es séparé », « il est séparé », etc., se comporte d'une certaine façon envers lui-même, et différemment envers les autres. Il ne peut s'en empêcher. La pensée « chaque être est séparé des autres », est la graine d'où s'élève l'arbre de la discrimination arbitraire des actes (en fonction de la diversité des personnes). Par conséquent, comment pourrait-il y avoir un défaut de vertu chez celui qui sait qu'il y a unité entre lui et les autres ? Aussi longtemps que le germe de la différenciation est présent, l'arbre correspondant est à même de s'élever, que l'on s'y attende ou pas. Il faut donc renoncer à cette tendance à la différenciation. Tout est Un.

7 – Si tu poses la question : « Dans le monde, les choses paraissent différentes ; comment puis-je alors considérer le tout comme étant Un ? Y a-t-il un moyen d'atteindre à cette connaissance ? » La réponse est celle-ci : « Dans un même arbre, nous voyons des feuilles, des fleurs, des fruits et des branches, différents les uns des autres, et qui pourtant ne font qu'un, étant tous compris dans le mot "arbre". Leur racine est une, leur sève est une. De même, toutes les choses, tous les corps, tous les organismes proviennent d'une même source et sont activés par un seul et même principe vital : tout est Un. »

8 – Ô homme de bien! Vois par toi-même si l'affirmation «Tout est Un» est bénéfique ou nocive. Réfléchis. Tout comme une personne qui se voit elle-même comme elle voit les autres et les autres comme elle-même ne peut qu'être honnête et juste, de même comment le mal pourrait-il s'attacher à celui qui sait qu'il fait un avec les autres? Dis-moi s'il existe une meilleure voie vers le Souverain Bien que la connaissance de l'Unité? Il n'y en a certainement pas. Comment quelqu'un pourrait-il aimer les autres mieux qu'en sachant qu'ils sont lui-même? Il les connait dans l'Unité; il les aime dans l'Unité, puisqu'en vérité, ils sont Un.

9 – Qui peut partager la paix mentale et le calme de celui qui connait l'Unité? Il n'a pas de soucis. Le bienêtre de tous est son propre bienêtre. Une mère considère le bienêtre de ses enfants comme le sien propre. Cependant son amour n'est pas parfait, parce qu'elle se croit individuellement séparée de ses enfants. L'amour d'un Sage ayant réalisé l'Unité de toutes choses dépasse, et de très loin, même l'amour d'une mère. Il n'y a pas d'autre moyen pour réaliser un tel amour que la connaissance de l'Unité: tout est Un.

10 – Sache que le monde dans son ensemble consti-

tue ton corps impérissable, et que tu es toi-même la vie perpétuelle du monde entier. Quel mal y a-t-il dans une telle voie? Qui a peur de suivre la voie sans mal? Sois téméraire. Les Védas enseignent cette vérité. Il n'y a rien d'autre que toi-même. Le Souverain Bien t'appartient. Oui, tu Es ce Souverain Bien toi-même. Tout ce que les autres pourront tirer de toi sera du bien, uniquement.

Qui donc s'emploierait à agir contre son propre corps, sa propre âme? S'il y a un abcès dans le corps, un remède lui est appliqué; même s'il s'avère doulou-reux, son but est de faire du bien, uniquement. Il en ira de même pour certaines de tes actions, dont le but sera le bien du monde. C'est pourquoi tu ne dois pas t'empêtrer dans la différenciation.

En résumé: le Connaisseur de l'Unité agit de la meilleure des façons. En fait c'est la connaissance de l'Unité qui le fait agir. Il ne peut se tromper. Dans le monde, il est Dieu devenu visible. Tout est Un.

II
TOI

1 – Qui es-tu ? Ce corps, est-ce toi ? S'il en est ainsi, pourquoi n'as-tu pas conscience du serpent qui glisse sur lui lorsque tu es en sommeil profond ? Certainement, tu es autre que ce corps.

2 – Parfois, dans ton sommeil, tu as un rêve ; tu t'identifies à un des personnages ; ce personnage, est-ce toi ? Non. Ou alors, que devient-il à ton réveil ? Tu ne peux être lui. Plus encore, tu as presque honte de t'être identifié à lui. Il est clair que tu es autre que lui, tu es *Celui* qui se tient en retrait de ce personnage.

3 – Souviens-toi à présent de l'état de sommeil sans rêves. Est-ce l'état de ta nature véritable ? Tu ne le crois sans doute pas, car tu n'es pas insensé au point de t'identifier aux épaisses ténèbres qui t'empêchent d'être conscient de l'état où tu te trouves. Grâce à l'intellect, tu es capable de te distinguer des objets environnants : comment pourrais-tu admettre que tu es

la même chose que l'ignorance ou le vide? Comment cela pourrait-il être ta véritable nature? Ce n'est pas possible. Tu es le Connaisseur qui sait que cet état de sommeil profond est un voile obscur et dense recouvrant ta véritable nature. L'ayant condamnée après en avoir fait l'expérience, tu sais que tu n'es pas cette sombre ignorance du sommeil profond. Tu es celui qui se tient à l'écart de cela aussi.

4 – Si tu admets que même ce corps grossier n'est pas toi, peux-tu imaginer être quelque autre chose de plus éloigné? Non. De même que tu n'es pas ce corps grossier, tu n'es pas non plus quelque chose d'autre qui s'en trouverait plus éloigné; ni le personnage du rêve; ni l'ignorance du sommeil profond. Tu es différent de ces trois états et de ce monde.

5 – Ces trois états peuvent se résumer en deux conditions: l'une où prédomine la conscience sujet-objet (qui comprend les états de veille et de sommeil avec rêves), et l'autre, qui est celle de l'inconscience du sujet lui-même (comprenant l'état de sommeil profond). Toutes les expériences possibles sont comprises dans l'une ou l'autre de ces deux conditions. Et elles sont toutes deux étrangères à ta vraie nature, qui est tout autre.

6 – Si tu te demandes ce qu'est ta vraie nature, son nom est Turiya qui signifie « le Quatrième » (état). Ce nom est approprié, car il semble dire : « les trois états de ton expérience – veille, rêve et sommeil profond – te sont étrangers ; ton véritable état est le quatrième, qui est différent de ces trois-là ». En supposant que ces trois états (veille, rêve et sommeil profond) forment ensemble un long rêve, le quatrième représente le réveil mettant fin à ce rêve. Ainsi, il est plus profond que le sommeil profond, et en même temps plus éveillé que l'état de veille. Ton véritable état est donc ce « quatrième », se distinguant de tes états de veille, sommeil avec rêves, et sommeil profond. Tu es cela, uniquement.

7 – Qu'est-ce que ce quatrième état ? Il est Connaissance, sans différenciation, étant pleine Conscience de soi-même. Cela signifie que le quatrième état est pure Connaissance, sans conscience du différencié, mais en pleine conscience de Soi. Celui qui réalise cet état, même pour un seul instant, réalise la vérité. Tu es cela, uniquement. Qu'y a-t-il de plus pour celui qui a réalisé le « Quatrième » ?

En pratique, il n'est pas possible, pour quiconque, de demeurer durablement dans cet état, conscient au-delà des particularités. Celui qui a réalisé le qua-trième état tôt ou tard revient à ce monde ; mais pour lui le monde n'est plus comme avant : il voit ce qu'il a réalisé comme étant le quatrième état, rayonner en toutes choses. Il ne voit plus ce monde comme dif-férent de cette Pure Connaissance. Ainsi, ce qu'il a vu à l'intérieur, il le voit maintenant aussi à l'exté-rieur, d'une manière différente. Ayant quitté le stade de la différenciation, il est à présent établi dans l'état de non-différenciation, où qu'il se trouve. Désormais, il est Tout. Il n'y a rien qui soit différent de lui. Que ses yeux soient fermés ou ouverts, quels que soient les changements pouvant survenir, son état demeure inchangé. Cela est l'état de Brahman. Cela est l'état naturel éternel. Tu es cet état, éternellement Vrai.

8 – Il n'y a rien au-delà de cet état. Les mots « inté-rieur » et « extérieur » perdent leur sens. Tout est Un. Le corps, la parole et le mental ne peuvent plus fonc-tionner égoïstement : la Grâce (arul) les anime, pour le bien de tous. Le « moi » fragmentaire est perdu à jamais. L'égo ne peut plus revivre. Il est dit alors qu'il est libéré ici et maintenant. Il ne vit pas parce que son corps vit ni ne meurt parce que son corps meurt : il est éternel. Il n'y a rien d'autre que lui. Tu es celui-là.

9 – Qui est Dieu? C'est la Grâce. Qu'est-ce que la Grâce? C'est la Conscience, débarrassée de l'égo fragmentaire. Comment peut-on être sûr qu'un tel état existe? Seulement en le réalisant. Les Védas louent celui qui réalise Cela, comme étant celui qui a réalisé Dieu, devenant un avec Lui. C'est pourquoi, ce que le monde peut nous apporter de meilleur, et ce que nous pouvons lui rendre de meilleur, c'est la réalisation de cet état. En fait, il n'y a pas d'autre état que celui-là; les autres n'apparaissent «autres» que dans l'état d'ignorance. Pour celui qui sait, il n'y a qu'un seul état, unique: Tu es Cela.

III

DIEU

1 – Qui est Dieu? Dieu est Celui qui transcende tout ce que nous percevons. S'il est transcendant au monde, comment peut-Il être relié au monde? Le fait est qu'il n'y a pas une seule particule ici-bas qui ne Lui soit reliée.

Alors, que signifie qu'«Il transcende le monde»? Le monde, cela veut dire nous-mêmes et ce que nous percevons. En d'autres mots, les êtres animés et inanimés ensemble forment le monde. Parmi ces catégories, nous estimons que les êtres conscients sont supérieurs. Que dire de Celui qui a créé tous les êtres? La seule chose que nous pouvons comprendre c'est qu'il est au-delà des catégories d'êtres que nous connaissons. Notre raison ne peut aller plus loin. Par conséquent notre créateur nous est supérieur et ne peut être appréhendé par nos facultés de compréhension. Son nom, *Kadawul* («Être Transcendant»), signifie qu'il surpasse notre raison.

2 – Dieu ne peut-il alors être connu de nous ? Il n'en est pas tout à fait ainsi, car dans un sens, Il se laisse connaitre, et ce don partiel de Sa Grâce nous suffit : nous n'avons pas besoin de toute Sa grandeur ; il se fait connaitre suffisamment pour que notre souffrance soit supprimée. Il n'y a pas de raison pour Lui de révéler un iota de plus de Sa Puissance, qu'il n'en faut pour remédier à nos défauts dans l'état présent. Ainsi Il se fait connaitre selon nos besoins. Et Il est donc bien là, dans une certaine mesure à portée de notre connaissance.

3 – Qu'est-ce donc, qui nous permet de L'avoir à portée de notre connaissance ? Le fait que Sa nature est Être — Conscience — Béatitude :

- L'Être (*Sat*), désigne l'impérissable, ce qui Est, pour l'Éternité. S'il venait à cesser d'être, ne fût-ce qu'un moment, qui pourrait être Son destructeur ? Qui L'a créé ? La nature périssable de toutes choses nous enseigne que Tout est dirigé par l'Un impérissable. Ce Seigneur des Seigneurs, immortel, est Dieu. Sa nature impérissable est l'Être (*Sat*).

- Par Conscience (*Cit*), il faut entendre Connaissance. Connaissance absolue, à distinguer de la connaissance ordinaire, sujette à l'erreur. Ni l'irrégularité ni l'erreur ne peuvent l'entacher. C'est La Connaissance, pure et simple. Celui qui est à l'origine de la Création, si parfaite et ordonnée même parmi les êtres inanimés, nous enseigne fréquemment ainsi : « ta connaissance est irrégulière et erronée. » L'exemple est connu de l'interrogation d'un incroyant devant l'un des prodiges de la nature : « pourquoi a-t-Il fait si petite la graine de l'arbre banian qui est si grand ? » Un système où même les objets inconscients sont ordonnés et ont une fonction utile est forcément dirigé par un pouvoir conscient. Car comment un simple objet inconscient pourrait-il faire quelque chose relevant de la connaissance infaillible ? Et notre mode de connaissance imparfaite, le peut-il ? Non, ce n'est pas possible. C'est pourquoi il est dit que Dieu est Conscience (*Cit*).

– La Béatitude, ou Félicité (*Ânanda*), est l'état libre de désirs. C'est la Paix à jamais en plénitude. S'il Lui restait encore le moindre désir, comment pourrait-on dire [de Dieu] qu'il est meilleur que nous-mêmes ? Comment pourrions-nous obtenir de Lui la félicité ? Lui-même aurait alors besoin d'un autre être pour satisfaire ses désirs. Mais qui peut concevoir Dieu ainsi ? L'état de satisfaction intérieure caractérise la Félicité. C'est pourquoi Il est Félicité, ou Béatitude (*Ânanda*).

Être, Conscience et Béatitude sont inséparables. Individuellement; ils ne sont rien. C'est pourquoi Il est connu, Lui, en tant qu'Être–Conscience–Béatitude (*Sat–Cit–Ânanda* ou *Saccidânanda*)).

4 – Celui qui a réalisé le quatrième état et voit tout en tant qu'Un, celui-là connait vraiment Dieu en tant qu'Etre–Conscience–Béatitude. Les mots ne peuvent exprimer, ni les oreilles entendre, à quel point un tel être est uni à Dieu; c'est une question de réalisation; et il existe des voies et des moyens pour une telle réalisation. Ils peuvent être énoncés, appris et mis en pratique. Dieu peut être réalisé ainsi.

5 – Il n'a pas de nom : nous Lui donnons un nom. Il n'a pas de forme : nous Lui donnons une forme. Y a-t-il un mal à cela ? Quel nom n'est pas le Sien ? Quelle forme n'est pas la Sienne ? Quel est le son, la forme où Il ne se trouve pas ? C'est pourquoi, en l'absence de la vraie connaissance de ce qu'il est, tu peux Le nommer comme tu préfères, ou L'imaginer sous la forme qui te convient le mieux pour garder Son souvenir.

Tout espoir d'obtenir Sa Grâce sans aucun effort de ta part est complètement vain. S'il était possible d'obtenir Sa Grâce de cette façon, tout le monde serait identique, il n'y aurait aucune raison pour qu'il existât des différences.

Il nous a montré les voies et les moyens. Fais l'effort, atteins le but ; sois heureux. Ta paresse et ton égoïsme te font espérer d'obtenir Sa Grâce sans aucun effort, or la règle qui est valable pour tous est aussi valable pour toi. Ne relâche pas tes efforts. Dieu ne peut être réalisé que par ton effort.

6 – Il est un effort qui surpasse tous les autres. Il peut paraître moins efficace que la dévotion à Dieu avec nom et forme. Pourtant, c'est bien celui-ci le plus efficace : c'est tout simplement l'amour que tu portes à tous les êtres, qu'ils soient bons ou mauvais. En l'absence d'un tel amour pour tous, ta dévotion envers Dieu n'est que parodie. Quel sens cela a-t-il pour Dieu, si tu recherches auprès de Lui la satisfaction de tes désirs, sans faire ton devoir envers les malheureux ? Il n'y a là que pur égoïsme. Il n'y a pas de place auprès de Dieu pour des personnes aussi égoïstes, seuls les actes désintéressés y ayant droit de cité. Par conséquent, sachant bien qu'il est au centre de toute chose, dévoue-toi à Lui. Dieu est Celui qui suscite la plus haute dévotion.

7 – À mesure que tu attribues des noms et des formes à Dieu, tout en faisant preuve d'amour pour tous les noms et formes ; ayant compris qu'ils sont tous Siens,

ton mental va murir progressivement. De même que le gout d'un fruit s'améliore à mesure de sa maturation, de même en va-t-il, en toi, de la croissance du bien et du déclin du mal. À un certain stade de la maturation de ton mental, le moment viendra où il te faudra rencontrer ton maitre. Ceci ne signifie pas que tu dois aller à sa recherche, ni lui à la tienne. Au moment voulu, la rencontre aura lieu, chacun s'y étant dirigé à sa manière. C'est votre complémentarité qui vous amènera à vous rencontrer, qui établira ta confiance en lui, adaptera son enseignement pour toi, et te rendra apte à le suivre. La voie directe pour aller à Dieu consiste à réaliser le quatrième état. Tu suivras la voie et atteindras ton but, qui est Être–Conscience– Béatitude, qui est Dieu.

8 – La voie enseignée par le maitre est définitive, directe ; dirigée vers l'Unité, elle est naturelle et sans artifices, éprouvée depuis longtemps, sans douleur. Lorsque tu es sur cette voie, il ne peut plus y avoir ni doute ni peur : la peur et le doute, ne sont-ce pas les caractéristiques des voies des ténèbres ? Comment pourraient-elles te rencontrer dans la voie de la Vérité qu'enseigne le maitre ?

Ainsi, la voie te parlera d'elle-même, t'indiquant le bon chemin. Alors, il ne te restera plus qu'à rencontrer ton maitre et à apprendre de lui. Cette voie vous est commune, à tous les deux, par la Volonté de Dieu. Avant toi, ton maitre l'a parcourue. Il te montrera le chemin et tu le suivras. À combien d'autres enseigneras-tu ce même chemin? Et combien d'autres suivront-ils après? D'évidence, la peur et le doute n'ont pas de place dans la voie de la Vérité. Une fois que tu auras fait un pas en avant, tu ne reculeras plus. L'aide du maitre est effective pour ce premier pas uniquement. Tu n'as rien à faire pour que la voie te soit enseignée par ton maitre. Sache qu'il est le messager de Dieu, envoyé pour révéler la voie à ceux qui sont prêts, qui ont muri par leurs propres efforts, accomplis dans l'une ou l'autre des deux directions dont nous allons parler. C'est Dieu qui envoie ce messager divin dès que le degré de maturité suffisant est atteint.

9 – La pratique avec foi, mais sans la Connaissance, est nommée *bhakti* (dévotion); la même avec la Connaissance est nommée *jñâna*.

Il y a deux sortes de *bhakti*: l'une est la dévotion à Dieu avec un nom et une forme, l'autre est l'amour pour tous les êtres (*karma marga*).

Jñâna aussi est divisée en deux: la pratique de la voie juste enseignée par le maitre, nommée *yoga,* et l'état qui en résulte, qui est pure *jñâna* (Connaissance);

Il est naturel de croire à quelque chose que l'on ne voit pas pour finalement le trouver. Ceux qui ne croient pas ne trouvent jamais. Les croyants, tôt ou tard, aboutissent, les non-croyants, jamais.

Tu peux croire même pour la seule raison que la foi en Dieu ne fait pas de mal. Tu en recevras ta part d'effets bénéfiques. Ce monde existe uniquement pour susciter la foi en toi. Voilà le but de la création. Aie la foi et tu pourras atteindre Dieu.

10 – Même si tu ne crois pas tout ce qui est dit de Dieu, tu peux au moins accepter l'idée qu'«Il y a Dieu». Cette simple pensée est une graine qui recèle un pouvoir immense, pouvant se développer lors de sa croissance au point de tout vider et tout remplir à elle seule. Son pouvoir est tel qu'elle peut t'amener à ne plus voir rien d'autre que Dieu, même pas toi-même. En vérité, Dieu est Tout.

IV

PAIX

1 – Qu'est-ce que la Paix? Lorsqu'un homme est en sommeil profond, bien que le monde subsiste, en a-t-il le moindre souci? Son mental est tranquille et apaisé. S'il peut conserver ce degré de calme et de repos même lorsqu'il se trouve en activité au sein du monde, alors la Paix est réalisée.

2 – Le mental peut-il demeurer ainsi, même lorsque nous sommes confrontés au monde? Cela dépend de notre façon d'appréhender le monde. Le mental d'un individu est plus agité si c'est sa propriété qui est pillée que s'il s'agit de celle d'un autre. La perte d'un bien propre cause plus de souci que celle du bien d'autrui. Pourquoi? Parce que notre manière d'évaluer les choses[1] détermine le degré de plaisir ou d'anxiété qu'elles nous procurent. Par conséquent, si l'on apprenait à voir tout d'un œil égal, le mental de-

---

1. Notre affect sur les choses (NDT).

meurerait en paix. Le mental, qui sait que les affaires de l'univers dépassent ses compétences, se tranquillise nécessairement. De même, si l'on a la conscience et la conviction de n'avoir plus aucune prétention envers quoi que ce soit, ou que toutes choses sont périssables, le mental demeure calme. Ainsi la Paix s'installe durablement si l'on porte sur toutes choses un regard équanime. La Paix dépend de la façon dont le mental appréhende les choses.

3 – Illustration de ce qui précède : un homme se réveille après avoir fait un rêve. Son mental était heureux, ou ennuyé, selon ses opinions à propos des choses vues dans le rêve ; mais au réveil, son mental demeure inaffecté par toutes les péripéties du rêve ; il demeure équanime. Pourquoi ? Parce que ce n'est qu'à ce moment (au réveil) que son mental se permet d'évaluer tous les éléments du rêve de manière égale. Il ne regrette pas que le rêve ait cessé. Pourquoi ? Il sait que le rêve n'est pas éternel, mais doit s'achever au réveil. De même, si un homme prend réellement conscience que tôt ou tard il ne pourra que s'éveiller du long rêve de la vie en ce monde, son mental deviendra immuable. C'est l'état du calme pur. C'est l'état de Paix.

4 – Cet état ne signifie pas pour lui la fin de sa relation au monde. Seuls la paix et le calme du mental lui appartiennent. Ses actes ne pourront que s'adapter aux circonstances. Le seul changement qui soit intervenu avec ce gain de la paix mentale est le suivant : son mental a connu la Vérité et réalisé le détachement ; par conséquent, il repose, paisible ; ses actes, bien que pouvant varier, demeurent impartiaux ; alors que les actes des autres sont changeants, sans pouvoir garder l'impartialité. C'est ainsi que le calme du mental apporte un bien énorme, non seulement à lui-même, mais aussi au monde en général. La Paix caractérise la voie de la conduite juste.

5 – Un homme marche, une lampe allumée à la main. Peut-il être question d'hostilité entre la lumière et les accidents du parcours ? Surement pas. Cependant, la lumière et l'obscurité ne peuvent coexister. La lumière chasse l'obscurité, révèle les accidents du parcours, et permet à l'homme de marcher prudemment lorsqu'il monte, descend, va sur les côtés, etc. La lumière de la lampe supprime la cause de jurons ou de plaintes vaines telles que : « mon pied a heurté un obstacle ! », ou bien : « ce creux m'a fait trébucher ! ». Une fois la Paix réalisée, l'homme ne ressent ni haine ni antagonisme envers le monde. La Paix dissipe les

ténèbres qui nous empêchent de voir la vraie nature du monde et ses embuches. En l'absence de la lumière de la Paix qui permet de s'adapter aux multiples circonstances, on condamne le monde, lui reprochant ses souffrances, comme on se plaint des obstacles sur un chemin. C'est pourquoi un homme ayant réalisé la Paix Suprême après avoir connu le monde comme un rêve compliqué ne doit pas être considéré comme étant hors du monde, non concerné par ses activités. En fait, il est le seul à être en harmonie effective avec le monde ; il est le seul vraiment compétent pour être un homme d'action. Ainsi, la Paix est le régulateur de tes activités.

6 – L'homme en Paix peut avoir un souci de rectification pour ce qui se passe dans le monde. S'il en éprouvait de la crainte, de quelle aide pourrait-il être envers ceux qui considèrent ce monde possessivement et avec avidité ? Ils sont sous l'emprise de l'égoïsme et dépourvus de toute notion d'impartialité. Pour guider l'aveugle sur un chemin, ou traiter la cécité de l'œil malade, on a besoin d'y voir clair. De même, celui qui peut réformer le monde est celui qui a découvert sa propre nature immuable par rapport à la nature changeante du monde, et demeure paisible. De tels hommes ne peuvent s'empêcher d'aider le monde.

Pourquoi? Est-ce que quelqu'un peut manquer de cœur au point de ne pas relever un enfant qui glisse et tombe? Même question pour les Sages, capables de comprendre les difficultés du monde, et qui peuvent aider les gens. Parce qu'il s'est détaché du mental et du corps, le Sage n'est pas éprouvé par l'effort que demande le service du monde, tout comme le principe vital ayant quitté un corps ne souffre pas, même si de lourds attelages passent sur ce corps en l'écrasant. Le Sage ne se dérobera donc pas devant le travail ou les soucis. Seule la Paix réalisée effectivement peut produire un tel courage et un tel calme.

7 – En apparence, la Paix peut donner une impression de fadeur et de manque de vigueur. En fait, elle peut tout vaincre. Elle surpasse tout en ténacité et en courage, et c'est de ces qualités que dépend la réussite. Même si le mont Mérou [L'Axe du monde selon la Tradition] devait basculer, ce ne serait qu'un incident (!) provoquant tout au plus un léger sourire chez l'homme en Paix, à moins qu'il ne le laisse complètement impassible... Cet état est précieux pour les questions regardant aussi bien le monde que l'esprit. Le véritable bonheur dans le monde est le sien aussi, et ce bonheur jaillit après la fin d'un esclavage. La Paix apporte le bien à chacun, de toute façon.

8 – Les adversaires de la Paix sont nombreux. Ils sont là pour éprouver l'homme. Lorsque nous y sommes confrontés, nous devons rester vigilants, et veiller à ce que la fleur fragile du mental soit épargnée par leurs ombres. Si la fleur du mental est abimée, elle perdra son parfum, sa fraicheur et sa couleur. Elle deviendra alors inutile, ne pouvant plus être présentée aux autres ni à Dieu. Sache que ton mental est plus fragile encore qu'une fleur. C'est à l'aide de cette fleur que tes devoirs envers toi-même, les autres et Dieu s'accomplissent. Elle doit donc préserver sa fraicheur toujours et en tous lieux. Toute bénédiction du mental est l'œuvre de la Paix.

9 – N'aie de cesse d'adorer le Dieu de ton Soi avec la fleur de ton mental. Laisse les aspects capricieux de ton mental témoigner de cette adoration. Progressivement, ils apprendront à quitter leurs jeux infantiles et voudront connaitre le même enchantement que toi. À force d'observer la Paix qui est en toi, ils abandonneront leurs caprices. Toi, tu n'as qu'à continuer patiemment l'adoration. Ne te laisse donc pas détourner par ces caprices du mental ; au contraire, ce sont eux qui seront finalement pacifiés par la Paix qui est en toi. Tout doit être en Paix.

10 – Un dernier mot : l'essence des Védas est la Paix.

|

V

ACTION

1 – Toute action appartient à Dieu. Son Œuvre a inscrit chaque être dans ses fonctions individuelles. C'est par Lui que les êtres, animés ou inanimés, jouent leur rôle. Toutes les actions Lui appartiennent.

2 – On pourrait objecter : chaque être fait ce qui lui correspond. Qu'est-ce que Dieu a à voir avec cela ? Nous sommes des êtres sensibles (nous nous intéresserons aux objets inanimés un peu plus tard) ; voyons d'abord *qui* est l'auteur de nos actions : tout le monde souhaite améliorer sa condition et y travaille. Mais les résultats diffèrent, bien que le but et le travail se ressemblent. Pourquoi cette différence dans les résultats ? Ici Dieu nous fait comprendre que c'est Lui l'auteur de l'action. Autrement, tous devraient être identiques. Les différences de condition n'expliquent rien : peut-il exister quelqu'un ne souhaitant pas améliorer sa situation ? Quelle que soit son intention envers les autres,

chaque individu est certainement honnête dans son intention envers lui-même (par exemple pour améliorer sa situation). Cela n'empêche pas qu'il y a des différences de condition de l'un à l'autre : toutes les actions sont l'œuvre de Dieu.

3 – Tous les êtres ont la même intention ; cependant, leurs efforts varient de l'un à l'autre, ainsi que leurs états. Alors, une question se pose : qu'est-ce que l'effort ? N'est-ce pas simplement un concept mental ? Tous ces concepts ont la même origine, à savoir, cette intention commune à tous (d'améliorer sa situation) ; alors pourquoi ce concept mental de l'effort à accomplir diffère-t-il d'un individu à l'autre ? Ici aussi, Dieu nous enseigne que toutes les actions sont Ses actions.

4 – S'il est établi que, malgré l'intention commune, l'effort varie selon les capacités individuelles, la question se pose de savoir ce qui conditionne ces capacités. La source est dans le corps et le mental. L'environnement peut aussi influer. Avant de faire un effort, l'on doit tenir compte de tous les facteurs. Cependant, nous n'avons pas un contrôle suffisant de ces facteurs, pouvant faire coïncider exactement l'effort avec la tâche à accomplir : toutes les actions appartiennent à Dieu.

5 – À présent, si l'on dit que le corps, le mental et l'environnement vont progressivement s'ajuster à la tâche à accomplir, on avoue implicitement l'incapacité initiale. Ceci revient à admettre que toutes les actions sont l'œuvre de Dieu.

6 – Cela est-il bon ou mauvais que les gens n'atteignent pas leurs buts ? C'est certainement une bonne chose. Pourquoi ? La plupart des gens sont égoïstes ; à toi de juger si le succès des égoïstes est bénéfique pour le monde ou non. Peut-être te demandes-tu alors pourquoi les efforts des personnes non égoïstes ne sont pas tous couronnés de succès ? Le fait est que le plus souvent, bien qu'en apparence ils semblent ne pas être égoïstes, ils ne sont pas irréprochables. Cela dépend de l'égo. Si le non-égoïsme supposé engendre une sensation de supériorité sur ses semblables, Dieu se charge de freiner leurs ardeurs, et de leur rappeler : « vous aussi, vous êtes comme les autres, et c'est Moi qui vous gouverne ».

Le véritable dévot de Dieu est dépourvu d'égoïsme et d'égo. C'est parce que Dieu brille à jamais en lui, en d'autres termes, que le nuage de l'égo n'est plus là pour lui cacher Dieu, que toutes ses intentions se concrétisent. C'est donc un homme de « bonne volonté» (*satya sankalpa,* littéralement: vraie volonté, intention pure). Dieu rayonne directement à travers lui, en qui il n'y a pas de ténèbres. Il est le seul à connaitre l'Intention divine telle qu'Elle est. Dieu accomplit à travers lui le but de Sa création. Toutes les actions sont l'œuvre de Dieu.

7 – La question se pose alors: il existe bien au moins un de ces êtres de vraie volonté (à l'intention pure)? Pourquoi le monde n'en reçoit-il pas le plein de bénédictions?

Il y a un secret dans tout ceci: les Sages qui savent que toutes les actions sont l'œuvre de Dieu, consacrent leur vie à le faire savoir aux autres. Car il n'y a pas de bien plus précieux que cette connaissance: les actions sont l'œuvre de Dieu, non la nôtre. Cette connaissance contient en elle toutes les bénédictions. C'est pourquoi le propos des Sages est d'éclairer les autres à l'aide de leur connaissance de Dieu et Ses actions. Ils ne disent pas: «connais Dieu tout de suite!», mais enseignent les voies et les moyens de la connaissance, et encouragent les gens à suivre le droit chemin. C'est tout. Ils ne disent pas: «sois délivré à l'instant!», puisque le commun des mortels en est incapable. Les Sages n'enjoignent pas Dieu de «libérer les gens immédiatement», puisqu'ils sont dépourvus d'égo et savent : « Dieu sait ce qu'il a à faire, et Il le fait ; que pourrais-je Lui demander de plus ? » Ainsi, ils souhaitent seulement faire leur devoir, sans en récolter les fruits. Ils ont compris que seul Dieu distribue les fruits des actions. Ils observent simplement le déroulement des choses dans le monde, jouent leur rôle, et ne songent jamais à recréer un monde à eux, ce qui ne serait qu'une forme d'égoïsme. La Création est exactement comme elle doit être. Tout est en ordre. Toutes les actions sont l'œuvre de Dieu.

8 – Sachant que leurs actes sont subordonnés au Pouvoir Divin, comment pourraient-ils envisager d'agir à contrecœur ? Non, ils ne peuvent pas même y penser. Ils font leur travail comme un devoir. Les écritures disent : « fais le travail, mais ne pense pas à ses fruits ».[1] De même que la colère échappe inconsciemment au contrôle d'un homme même s'il est déterminé à ne pas se mettre en colère et à rester calme, de même les Sages à l'intention vraie *(satya sankalpa)* peuvent être choqués par les injustices apparentes du monde, et penser sans s'en apercevoir : « Dieu, faites que survienne le bien ! » Alors, cela se produira certainement,

---

1. *Bhagavad-gîtâ*, II,47 : « Sois attentif à l'accomplissement des œuvres, jamais à leurs fruits ; ne fais pas l'œuvre pour le fruit qu'elle procure, mais ne cherche pas à éviter l'œuvre. » Trad. E. Burnouf, Ed. Discovery Publisher, 2021.

et c'est ce qui explique d'extraordinaires évènements qui ont lieu dans le monde. De grands bouleversements sont le résultat d'un vœu dérobé dans le mental d'un Sage. C'est la loi de la nature. Qui peut la changer? Toutes les actions sont l'œuvre de Dieu.

9 – Quoi qu'il arrive, c'est dans l'ordre naturel des choses. Donc, c'est juste. Tout ce qui arrive, arrive par Son action. En ce sens, il n'est pas faux de penser que « c'est Lui qui fait voler le voleur », puisqu'à l'heure du châtiment, c'est aussi Lui qui fait souffrir le voleur pour son méfait. Ni trop ni pas assez. Il ne doit pas y avoir d'hostilité envers le voleur. Tel est le fruit de la connaissance que toutes les actions sont l'œuvre de Dieu. Mais même s'il n'y a pas d'hostilité envers le voleur, notre rejet pour l'acte de voler demeure. Cela aussi est le résultat de notre connaissance que toutes les actions sont l'œuvre de Dieu. Comment? Parce que le voleur lui-même n'aime pas le vol: resterait-il sans réaction si ses biens lui étaient volés par un autre? Non, certainement. Il n'y a personne pour ignorer que le bien est bon et que le mal est mauvais. C'est pourquoi la connaissance que toutes les actions sont l'œuvre de Dieu est ce qui peut susciter une conduite droite dans le monde. Notre connaissance s'étend au-delà. Nous ne pouvons répéter que ce que nous connaissons, et

ne pas nous soucier de ce qui dépasse notre connaissance. Cela aussi est l'œuvre de Dieu.

10 – Parmi les fruits de la connaissance que Dieu nous accorde, il y a celui qui nous enseigne que toutes les actions sont Son œuvre. Notre impuissance nous pousse à demander : «Dieu, pourquoi agis-tu ainsi?» Toutes les religions admettent ce même état d'impuissance. C'est parce que les fruits de nos actes ne correspondent pas à nos désirs, en d'autres mots, parce que nos pouvoirs sont limités, que nous ne pouvons que nous incliner, et constater que toutes les actions sont l'œuvre de Dieu.

Cette loi qui nous gouverne s'applique aux objets inanimés aussi. Nous ne sommes pas mieux lotis qu'eux. Tout est Un. Ceux qui n'admettent pas que toutes les actions sont l'œuvre de Dieu, ne peuvent que reconnaitre leurs propres limites. Et cela aussi est l'œuvre de Dieu.

VI

ÉGO

1 – Ô égo! tous les maux du monde prennent leur source en toi. C'est pour t'écraser que les rois font des lois et les Sages donnent des enseignements. Malgré leurs efforts depuis des temps immémoriaux, hélas! tu es toujours là: tu te caches seulement, et réapparais encore et encore. N'as-tu donc pas de fin? Oh si, et, surement, elle approche. Un autre Égo[1] a commencé à t'éliminer. C'est l'Égo Universel, dont le nom est Je–Suis–*Brahman* (*Abam Brahmasmi*).

2 – Eh! égo, détrompe-toi, ton ennemi n'est pas de ton espèce: tu es périssable, alors qu'il ne l'est pas; tu te prends pour « je », parce que tu différencies toujours « je », « tu », « il », etc., mais Lui est libre de ces concepts: Il harmonise les différences et résorbe tout

---

1. Le « moi » individuel et le « Soi » absolu sont ici désignés par « égo », et « Égo », ce qui peut surprendre. Cependant, l'usage de « moi » et de « Moi », très répandu dans les traductions de textes védantiques, revient exactement au même... (NDT)

en Lui-même. Ton hostilité à Son égard nait de ce que quand tu le vois s'élever, tu crois qu'il veut t'anéantir. Mais Lui n'a aucun mauvais sentiment pour toi, puisque tu ne *peux* te trouver là en Sa présence. Il te voit comme une partie de Lui-même. C'est ta propre imposture qui cause ta perte en Sa présence. Il ne songe même pas à te tuer, car tu ne comptes pas à ses yeux. C'est pourquoi, égo, tu te considères comme Son ennemi, mais Lui ne prétend pas être le tien.

En un mot, tu es ton propre ennemi : par orgueil, tu t'es vanté devant Lui, comme tu le fais en tous lieux. Dès lors, tu es perdu. C'est ainsi que l'Égo Universel t'efface, t'ayant absorbé, rayonnant en tant que Lumière Absolue.

3 – Eh ! égo, les ravages de ton action sont sans limites : tu n'es satisfait que si tu es glorifié devant les autres, et si les autres sont abaissés devant toi ; tes désirs ne cessent de te harceler : « à quel titre serai-je honoré ? Comment puis-je paraitre plus élégant ? Les autres, s'inclinent-ils devant moi ? M'obéissent-ils en silence ? Proclament-ils que nul ne me surpasse ? » Hélas ! Ta vie est si courte ! Et pourtant, que d'ambitions ! Combien de mal peux-tu causer ! Tu t'es trompé, croyant trouver le bonheur dans cette vaine quête de

gloire et de pouvoir, et en voulant te distinguer parmi les autres. Tout cela ne peut t'être profitable. Pourquoi ? Les autres ne sont-ils pas motivés eux aussi par ces mêmes illusions ? Quelles chances de succès peux-tu avoir face à des multitudes de gens nourrissant les mêmes ambitions ? Dans une telle situation, tu dois mettre un terme à ta vaine volonté de tout dominer. Par tant de vanité, tu suscites le mal, autant pour toi que pour les autres. Écoute mon conseil amical. Pour dire la vérité, Celui-là que tu crois être ton ennemi mortel, est en fait ton ami. Il sait comment te rendre digne de la vraie Grandeur et des vraies Bénédictions. Abandonne-toi à Lui. Cet Égo Universel ne te traite pas en ennemi : c'est Lui, ton véritable Bienfaiteur.

4 – Tu ne peux, à ce moment précis, avoir une idée de ce qu'il fera de toi si tu t'abandonnes à Lui. Quoi que je puisse t'en dire, tu ne peux comprendre. L'expérience de l'abandon à Lui peut seule permettre de comprendre. Nul doute qu'il t'élèvera à Sa grandeur, rien de moins. Par conséquent, ne crains pas pour ton avenir ; abandonne- toi directement. Tu pourras toujours t'en détourner, si la joie ne te submerge pas dès le premier instant d'abandon. De même qu'en buvant du lait, cela commence par le gout agréable et

se termine par l'apaisement de la faim et de la soif, de même l'abandon de soi commence par le ravissement et s'achève dans la Parfaite Béatitude qui est au-delà du plaisir et de la souffrance. Par conséquent, ton but est, nul doute, cet Égo Universel (Je–Suis–*Brahman*).

5 – Quel sera Ton nouveau nom, après l'abandon? Il n'y a pas d'autre nom que le Tien. Les *Véda*s Te louent, le monde Te glorifie. L'essence des enseignements religieux, c'est Toi-même.

Quelle sera alors Ta forme? Toutes les formes sont Tiennes. Il n'y a pas une forme qui ne soit la Tienne. Tu es Ce qui est adoré dans les temples; Tu es Ce qui est décrit dans les *Védas*; les festivités, les cérémonies, sont toutes pour Toi. Mais quel est donc Ton pouvoir? En Ta présence, le monde est actif; chaque être est ce qu'il est à cause de Toi. En bref, toutes choses Te glorifient, et témoignent de Ton Être. Elles y sont contraintes par devoir.

Tu n'aurais même jamais rêvé que ceci pût être ton état. Mets-toi donc à l'œuvre. Abandonne ta suffisance, car l'Égo Universel t'attend.

6 – Souhaites-tu sortir de ton rêve, ou bien est-ce que tu préfères y rester encore? Combien de temps les

images du rêve vont-elles durer? Ne sois pas paresseux, sors de ta torpeur, réveille-toi! Tu ne vois que tes propres images mentales, et tu continues d'en imaginer encore et encore. Tout cela est vain. Trouve simplement qui est ce «toi», ce spectateur de tes images mentales. Ne te méprends pas, en t'identifiant à elles, qui s'élèvent et retombent sans cesse; réveille-toi! Dès l'instant où tu t'éveilleras, tu comprendras que l'éveil vaut mieux que ce rêve. Debout! L'Égo Universel attend pour se réjouir de te voir éveillé.

7 – Ne crains pas la cessation du rêve actuel. Tu vas être autrement comblé. N'étant plus dans l'illusion, tu vas assister en spectateur à cette imagerie mentale, sans en éprouver de trouble, mais avec le sourire. Cela te semblera être une plaisanterie, non plus un fardeau. En rêve, ton imagerie mentale semble avoir des formes réelles. Au réveil, tu sais que le rêve est seulement un rêve. Ne prends pas l'état de rêve pour celui de veille. Connais le rêve en tant que tel. Faisant ainsi, tu dois atteindre l'état de « Je–Suis–*Brahman* » (l'Égo Universel).

8 – Je m'adresse à toi pour ton bien, non pour mon intérêt. Que faire si la foi te manque, si tu ne suis pas

les enseignements, ou si tu quittes le chemin, faute de récompense...? Comment puis-je t'aider si même l'enseignement des Saints innombrables s'avère vain pour toi? Il n'y a pas d'état plus élevé que celui-ci. C'est pour ton bien [que tu l'atteins], et, à travers toi, pour le bien des autres. Abandonne ta vanité, dès maintenant. Commence tout de suite. L'Égo Universel est ton Soi.

9 – Ô égo, vois comme tu es l'esclave de tout, et combien tu en souffres! Combien ton état est pitoyable! Tout n'est qu'hostilité autour de toi! Lorsque tu dis «à moi! pour moi!», tous les autres rivalisent: «à moi! pour moi!» Lorsque tu dis «je suis grand!», ils protestent: «comment? C'est moi qui suis grand!» Tu es le seul à ne pas être hostile à ta personne. À cause de tous ces soucis, tes productions mentales se multiplient, indéfiniment. N'est-ce pas le moment d'en profiter pour lâcher prise? Si tu dis «tout est à vous», chacun deviendra ton ami. Il en est Un qui peut te procurer cette magnanimité, c'est «Je–Suis–*Brahman*» (l'«Égo» Universel).

10 – Il me reste un mot à dire. Ce n'est pas le produit de mon égoïsme, mais simplement mon devoir. Je ne dis ce mot en particulier ni pour ton bien ni pour le mien, mais pour le bien de tous:

La Vérité est « Je–Suis–*Brahman* »,
l'« Égo » Universel.

Lumière de Grâce Divine,
Amour Tout-Puissant,
Bénissez-moi !

Paix ! Paix ! Paix !
(shanti ! shanti ! shanti !)

Om !

Ouvrages parus aux éditions Discovery,
Serie Nataraj

Bhagavad - Gîta

Le Chant du Bienheureux
Traduction d'Émile Burnouf

« *Ce livre est probablement le plus beau qui soit sorti de la main des hommes. Jamais on n'a énoncé avec plus de force l'Unité du principe absolu des choses, essence et point culminant de la pensée indienne. De là découle une morale qu'on n'a point surpassée, morale non seulement théorique, mais pratique par excellence, unissant les plus nobles affections de la nature humaine à la loi stoïque du désintéressement. Il faut lire ce petit livre et s'en nourrir. Nous en avons le plus grand besoin.* » (Émile Burnouf)

« *Bhagavad-Cîtâ* » signifie « Le Chant du Bienheureux », le Seigneur Krishna. Datant du Ve siècle av. J.-C., il fait partie de l'épopée du *Mahâbhârata*. C'est le livre de la religion de Vishnou, mais, bien plus, celui de tous les indous, quel que soit leur culte. Même hors des frontières de l'Inde, l'enseignement de la dévotion, de la méditation et du détachement par Krishna à Arjuna émeut toutes les sensibilités spirituelles.

Je Suis Shiva!
(Shivoham)
Shankarâchârya
Hymnes à la Non-dualité

« Je suis Shiva! » (*shivoham*) : ainsi s'exclame le sage qui a réalisé sa nature véritable : « Shiva » désigne ici l'Absolu, au-delà des distinctions religieuses, le « Soi », essence de tous les « moi ». Littéralement, en sanscrit « *shiva* » signifie « favorable, bénéfique, bienfaisant ». C'est le nom du Bien suprême… Pour l'Advaïta (non-dualisme) des indous, ce « Bien » est l'unique Réalité, l'Un-sans-second, à découvrir en soi. Les trois hymnes présentés ici sont l'œuvre de Shankara, le maitre de l'Advaïta Vedânta du VIIIᵉ siècle, qui se plait à mêler la joie du « Délivré-vivant » à l'enseignement sans concession du Guru :

- *Prâtah Smaranam,* la « Méditation du matin » ;

- *Bhaja Govindam,* célèbre chant spirituel et recueil d'instructions pour les aspirants à la Délivrance ;

- *Nirvana Shatkam,* où le récitant affirme sa pure « shivaïté » (*shivoham*).

Kaivalya Upanishad
La solitude comblée
Traduction d'après Paul Deussen

Nous sommes en Inde il y a plus de deux millénaires. Ce livre témoigne du moment crucial, dans le dialogue de maitre à disciple, celui de la transfiguration, où la conscience du « moi » (*jîva*), devient Conscience du « Soi » (Shiva) :

« *Cette* Upanishad *décrit l'«Absoluité», c'est-à-dire l'état de l'homme qui, sur la voie du renoncement (tyâga), s'est libéré de tout attachement au monde et qui, en conséquence, se connait et se ressent uniquement en tant qu'essence divine, présente en toutes choses. La beauté de l'*Upanishad *éclate particulièrement à partir de la strophe 17, lorsque le disciple lui-même commence à parler, exprimant sa conscience de son identité avec Dieu...*» (Paul Deussen)

« Kaivalya *est la solitude comblée, l'exclusivité de l'Un, au moment où, sous l'influence de la grâce divine, l'homme saisit le Soi comme l'absolu qu'il est par nature.* » (Lilian Silburn)

OM
La Syllabe Primordiale
Textes recueillis et présentés par Roberto Caputo

« Om est la syllabe suprême,
Sa méditation est la méditation suprême »
(Atharvashikâ Upanishad, I)

Om : la révélation du secret de la vibration éternelle se trouve au cœur des plus anciennes *Upanishad,* de la *Bhagavad Gita* et de l'ensemble des Textes sacrés de l'Inde. Les Sages qui en ont fait l'expérience viennent confirmer l'Écriture : *« Om est la Vérité éternelle »* (Râmana Maharshi).

En découvrant la Syllabe à la source, il apparaît que mieux qu'un symbole, *Om* est la résonance même du Réel : la pratique de sa récitation amène à l'absorption en... « Cela » (l'Absolu, *Brahman*). L'efficience de cette pratique est reconnue unanimement, et le tantrisme rejoint naturellement le *Vedânta*.

Comme une montagne de camphre
Une vie auprès de Râmana Maharshi
Textes recueillis par David Godman
Avec photos des archives de l'ashram.

Srî Râmana Maharshi et Annamalai Swâmî : *« Comme une montagne de camphre »*, deux recueils d'enseignements (questions-réponses) inédits du sage d'Arunâchala et de son disciple devenu maitre à son tour.

Annamalai Swâmî :
« Une vie auprès de Râmana Maharshi »
La vie au jour le jour aux côtés de Râmana Maharshi le grand sage indou du XXe siècle (1879-1950). C'est son disciple Annamalai swâmî, responsable de la construction des bâtiments de ce qui allait devenir l'ashram du Maharshi, qui raconte ses souvenirs auprès du « Libéré vivant » d'Arunâchala.

Tout est Un
Anonyme

« *Si tu veux la délivrance* (moksha), *alors écris, lis et pratique les instructions contenues dans ce petit livre, "Tout est Un".* »

C'est Râmana Maharshi, le grand sage indou (1879-1950) qui s'adresse ainsi à son disciple, Annamalai Swâmî. La pratique de l'*advaïta vedânta* est présentée d'une manière aussi concise qu'originale dans ce texte du XIXe siècle. L'auteur, Tamoul resté anonyme, n'est pas un érudit, ni un lettré : il transmet avec simplicité et un fort accent d'authenticité le fruit de son expérience de la pure intériorisation : l'Unité se trouve dans l'intériorité absolue de la conscience *(pûrnâhanta)*, à l'opposé de l'extériorité dispersante... Srî Râmana, tout en encourageant la lecture et la pratique des enseignements de ce livre, souligne la nécessité de ce *retournement* vers l'intérieur :

« *Garde toujours dans le cœur le sens de la non-dualité, mais ne l'exprime jamais dans l'action.* »

Dhammapada

Le *Dhammapada* (littéralement «Stances de la Doctrine») est le plus célèbre et précieux des ouvrages transmettant la parole du Bouddha. Ces 423 versets contiennent l'essence de l'enseignement du Prince devenu Sage en Inde, au VIᵉ siècle avant Jésus-Christ.

Le Bouddha enseigne le moyen de mettre fin à la souffrance par la réalisation de la vacuité du «moi» et du monde. Cette réalisation conduit naturellement au détachement, qui est la clé du *nirvana,* le bonheur inaltérable...

Doctrine humaniste de compassion et d'amour, le bouddhisme est surtout un chemin de délivrance spirituelle, d'Éveil à notre vraie nature: le Bouddha est en chacun...

Trésors du Bouddhisme
Frithjof Schuon

« La beauté du Bouddha aspire comme un aimant toutes les contradictions du monde et les transforme en un silence rayonnant ; l'image qui en dérive est comme une goutte de nectar d'immortalité tombée dans la froideur du monde des formes et cristallisée sous une forme humaine, une forme accessible aux hommes. » F.S.

« *Essentialité, universalité et ampleur caractérisent les écrits de Frithjof Schuon. (...) Schuon possède le don d'atteindre le cœur même du sujet traité, d'aller, au-delà des formes, au Centre informel de celles-ci, qu'elles soient religieuses, artistiques ou liées à certains aspects ou traits des ordres humains ou cosmiques.* » (Seyyed Hossein Nasr)

Regards sur les Mondes Anciens
Frithjof Schuon

Frithjof Schuon (1907-1998) est l'auteur d'une œuvre métaphysique considérable – aujourd'hui traduite en plusieurs langues – qui met en lumière l'unité essentielle des sagesses traditionnelles et en explicite l'immuable vérité. Il tourne ici ses « Regards » vers l'Éternité contenue dans des traditions aussi diverses que celles des Peaux-Rouges, de la Grèce de Platon, du Moyen Âge chrétien ou des indous...

« S'avisera-t-on un jour que le plus grand philosophe français du XXᵉ siècle n'était pas parmi ceux que l'on cite partout, mais très probablement celui qui, dans l'indifférence générale et la conjuration d'un silence bien organisé, édifia patiemment, hors de tout compromis, l'une des œuvres décisives de ce temps, la seule qui, à la suite de René Guénon, mais dans une autre tonalité, rende compte en notre langue de la Philosophia perennis ? » (Jean Biès)

Autre ouvrages parus aux éditions Discovery,
Serie Nataraj

SAGESSE UNIVERSELLE

* *La lumière de l'Inde* – (Alphonse de Lamartine) Textes du poète Lamartine, après sa découverte émerveillée de l'Inde à travers ses épopées indoues, le Râmayâna et le Mahâbharata.

* *Dieu en Soi* – Méditations au cœur de l'Inde et du Christianisme (Textes présentés par R. Caputo et C. Verdu) – Convergences spirituelles entre les livres révélés chrétiens et indous.

* *La philosophie mystique de Simone Weil* – (Gaston Kempfner). Biographie de l'œuvre de la mystique chrétienne (1909-1943).

* *L'imitation de Jésus-Christ* – Traduction par Pierre Corneille, en vers, d'un texte spirituel du Moyen Âge.

* *La mort... sereinement* (Sénèque) – Extraits des Lettres à Lucilius, les réflexions du philosophe stoïcien sur le sens de la mort et l'acceptation sereine du terme de la vie.

* *La consolation de la Philosophie* (Boèce) – Classique de la philosophie au Moyen Âge, ce joyau de la sagesse stoïcienne et platonicienne fut écrit par Boèce en prison, alors qu'il attendait sa mise à mort.

www.ingramcontent.com/pod-product-compliance
Lightning Source LLC
La Vergne TN
LVHW030635080426
835510LV00022B/3386